BEI GRIN MACHT SICH
WISSEN BEZAHLT

- Wir veröffentlichen Ihre Hausarbeit,
  Bachelor- und Masterarbeit

- Ihr eigenes eBook und Buch -
  weltweit in allen wichtigen Shops

- Verdienen Sie an jedem Verkauf

Jetzt bei www.GRIN.com hochladen
und kostenlos publizieren

Christopher Ganseforth

Weiterbildungsmöglichkeiten durch E-Learning als Instrument zur Steigerung des Humankapitals

GRIN Verlag

Bibliografische Information der Deutschen Nationalbibliothek:

Die Deutsche Bibliothek verzeichnet diese Publikation in der Deutschen National-
bibliografie; detaillierte bibliografische Daten sind im Internet über http://dnb.d-
nb.de/ abrufbar.

Impressum:

Copyright © 2013 GRIN Verlag GmbH
Druck und Bindung: Books on Demand GmbH, Norderstedt Germany
ISBN: 978-3-656-51595-1

Dieses Buch bei GRIN:

http://www.grin.com/de/e-book/262794/weiterbildungsmoeglichkeiten-durch-e-
learning-als-instrument-zur-steigerung

Fachhochschule Südwestfalen
Hochschule für Technik und Wirtschaft
University of Applied Sciences

Weiterbildungsmöglichkeiten durch E-Learning als Instrument zur Steigerung des Humankapitals

Hausarbeit

im Modul „Hauptseminar zur Wirtschaftsinformatik" des Masterstudiengangs Wirtschaft

Inhaltsverzeichnis

Abkürzungsverzeichnis

Abb.	Abbildung
bspw.	beispielsweise
bzw.	beziehungsweise
d.h.	das heißt
evtl.	eventuell
etc.	et cetera
gem.	gemäß
f.	folgende
ff.	fort folgende
S.	Seite
vgl.	vergleiche
z.B.	zum Beispiel
KMU	klein und mittelständische Unternehmen

Abbildungsverzeichnis

computergestützte Lernen dar, welches selbstgesteuertes Lernen immer und überall ermöglichen soll und für die uneingeschränkte Nutzung von Lernenden sorgen soll. Dies bestätigt auch eine Befragung, wonach computergestütztes Lernen mit Offline-Methoden von inzwischen 29 % der Unternehmen genutzt wird und das Online-Lernen im Internet, Extranet oder Intranet sogar bei 13 % der Unternehmen Anwendung findet.[8]

Gerade diese genannten Formen des elektronischen Lernens, im folgenden E-Learning genannt, sind heutzutage aus der Weiterbildungspraxis der Unternehmen nicht mehr wegzudenken. Dabei ist E-Learning gerade für den Bereich des beruflichen Fort- und Weiterbildung besonders erfolgswirksam (siehe Abb. 2).

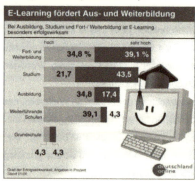

Abb. 2: E-Learning fördert Aus- und Weiterbildung[9]

Deshalb sollten gerade "im Zeitalter von Internet und Multimedia Unternehmen nicht ausgerechnet bei der Qualifizierung an althergebrachten Methoden festhalten. Es ist viel effektiver, neue Technologien zu nutzen, um flexibel auf Bedarf, Zeitplanung und Aufnahmefähigkeit des einzelnen Mitarbeiters einzugehen."[10] Deshalb sollte gerade das E-Learning für die betriebliche Weiterbildung weiter in den Fokus der Untersuchung rücken.

Einer Studie der Fachhochschule Göttingen zu Folge (Befragte Unternehmen: 350 größte Wirtschaftsunternehmen Deutschlands) nutzten 2001 bereits 90% aller Großunternehmen E-Learning,[11] jedoch betrachtet diese Studie nicht die in Deutschland am häufigsten auftretenden kleinen und mittelständischen Unternehmen (KMU). 29% der Unternehmen, die 500 bis 1000 Mitarbeiter am Standort beschäftigen setzten E-Learning ein, gefolgt von kleinen (21%) und mittleren Unternehmen (17%).[12] Man kann somit zusammenfassend sagen, dass der Einsatz des E-Learnings in KMUs bedeutend geringer ausgeprägt ist und somit in der Ausarbeitung eine von den Großunternehmen abgetrennte Betrachtung erfahren muss.

[8] Vgl. www.tab-beim-bundestag.de
[9] Quelle: www.fh-lu.de
[10] www.zeit.de
[11] Vgl. Reimer, Maraike (2008), S.40
[12] Vgl. Klimsa/Issing (2009), S. 448

2.1   E-Learning Weiterbildungsformen

E-Learning umfasst verschiedene Formen des computer- bzw. mediengestützten Lernens, die im Folgenden exemplarisch beschrieben werden. Die alternativen E-Learning Formen unterscheiden sich bspw. dadurch, dass E-Learning verteilt oder lokal sein kann. E-Learning Systeme können statisch sein, also in Form von Text-Dokumenten vorliegen, oder dynamisch, wenn dem Benutzer Interaktionen mit dem System zum Beispiel durch einen Tutor ermöglicht werden. Ein weiterer Aspekt von E-Learning besteht darin, dass es von einer Person oder von vielen Teilnehmern genutzt werden kann.[13] Die in der Literatur am meisten besprochenen Arten von E-Learning, auch im Zusammenhang mit der betrieblichen Weiterbildung, sind das Computer-based Training (CBT) und das Web-based Training (WBT) sowie das Blended Learning.[14]

CBT – Computer Based Training: Unter CBT versteht man ein Lernsystem, das dem Lernenden computergestützt und multimedial Lerninhalte vermittelt und meist Interaktionen in Form von Fragen und vordefiniertem Feedback enthält.

CBT Lernsysteme basieren auf Computer-Technologien, wobei dem Benutzer eine Lernsoftware auf einem Datenträger zur Verfügung gestellt wird, die dann lokal (bspw. PC) installiert werden muss.[15] Besonderheit hierbei ist also, dass sich die Software nur auf dem eigenen PC befindet und die Kontrolle der Antworten automatisch durch das Programm erfolgt.[16]

Weiteres Kennzeichen dieser E-Learning Form ist, dass sie selbstständig, offline sowie zeit- und ortsunabhängig eingesetzt werden kann und einen Lehrenden hierbei vollständig ersetzt.[17] Diese Lernprogramme sind darüber hinaus die älteste Form des E-Learnings und waren gerade in den Anfangsphasen des E-Learnings mit einem Anteil von 85% die dominierende Lehrform. Jedoch hat sich die einst meist verbreitetste Form mittlerweile bei den Nutzerzahlen um die Hälfte auf etwa 40% verringert.[18]

Grund für den Rückgang kann die im Gegensatz zu neueren E-Learning Methoden fehlende Möglichkeit darstellen, mit dem System zu interagieren oder mit anderen Lernenden in Kontakt zu treten. Der Lernprozess findet also rein isoliert statt.

Dies ist ein Grund, weshalb CBTs in der heutigen Zeit mehr und mehr vom Markt verdrängt und durch neuere E-Learning Formen wie bspw. WBT abgelöst werden.

WBT – Web-Based-Training: WBT hat sich wie bereits erläutert aus dem CBT entwickelt und kann als direkter Nachfolger angesehen werden, nicht zuletzt aufgrund des Aufkommens des World Wide Web (www).[19]

[13] Vgl. Reimer, Maraike (2008), S.12
[14] Vgl. www.org-portal.org, S. 10
[15] Vgl. Reimer, Maraike (2008), S.12
[16] Vgl. www.handelsblatt.com
[17] Vgl. Lang/Pätzold (2002), S. 25f.
[18] Vgl. Klimsa/Issing (2009), S. 451
[19] Vgl. Seufert/Mayr (2002), S.26

Vorteile beider Arten miteinander verbindet. In der betrieblichen Praxis können sich je nach Bedarf Präsenzseminare und Online-Lernen in sinnvollen Abständen abwechseln. Diese Vorgehensweise erweist sich in der Praxis als besonders vorteilhaft, da trotz der zuvor genannten Vorteile von E-Learning der menschliche und persönliche Erfahrungsaustausch sowie die soziale Interaktion maßgebend den Erfolg von betrieblichen Weiterbildungs- und Lernprozessen prägt.[33]

Hierbei ist die Qualität der Lernergebnisse oftmals wichtiger und daher potentiellen Kostenvorteilen unterzuordnen. Schlechte Lehre mit E-Learning kann noch so günstig sein, auch die Qualität der Lehre muss in diesen Fällen den Anforderungen genügen. Geeignete Ausgestaltungsformen des Präsenzlernens stellen hierbei vor allem klassische Lernformen wie Workshops, Fernlernen mit Studienbriefen oder Teamlernen dar.[34] Diese Lehrform bietet also die also einen wirklichen Mehrwert.

2.2 Erfolgsfaktoren der E-Learning Weiterbildung

Zu den Erfolgsfaktoren für die richtige und ganzheitliche Umsetzung von E-Learning gehört die geeignete Kombination von Mitarbeiterressourcen, der Unternehmensorganisation und nicht zuletzt der Technik.[35] Zur Bewältigung der Ansprüche, die an die Vermittlung von Wissen gestellt werden, ist neben der bereitzustellenden Technik die Ausrichtung des gesamten Lernprozesses am Mitarbeiter von zentraler Bedeutung. Die technischen Aspekte dienen dabei als Instrumente zur Steigerung der Produktivität in der Weiterbildung und müssen daher projektspezifisch untersucht werden.

Die wichtigsten Erfolgsfaktoren, von denen es abhängt, ob E-Learning in Unternehmen erfolgreich eingesetzt werden kann, sind im Anschluss zusammenfassend kurz dargestellt und sollten als Voraussetzung vor der Einführung einer E-Learning Weiterbildung in Unternehmen abgeprüft werden:

Voraussetzungen der Zielgruppe: Die Zielgruppe muss für das Lernen mit neuen Technologien eingestimmt und gerüstet werden und befähigt werden eigenverantwortlich mit der entsprechenden Lernkompetenz umzugehen.[36] Erfolgreiches E-Learning setzt also die Fähigkeit und Bereitschaft zum Selbstlernen voraus. „Lernkompetenz umfasst die Kenntnisse, Fähigkeiten, Gewohnheiten und Einstellungen, die für individuelle und kooperative Lernprozesse benötigt und zugleich beim Lernen entwickelt und optimiert werden."[37] Auch müssen „die Mitarbeiter motiviert werden, damit sie den Kurs auch nutzen."[38] Dabei hängt der Erfolg von E-Learning-Projekten sehr stark von der Akzeptanz der

[33] Vgl. Reimer, Maraike (2008), S.12
[34] Vgl. Reimer, Maraike (2008), S. 12
[35] Vgl. www.org-portal.org, S. 6
[36] Vgl. http://wiki.elmv.de
[37] Born, Julia (2012), S. 11
[38] www.handelsblatt.com

Lernenden für diese Art der Weiterbildung ab, wie eine Studie des Business-Intelligence-Anbieters Cognos und dem Institut für Innovationsforschung, Technologiemanagement und Entrepreneurship an der Ludwig-Maximilians-Universität München belegt (2002). Dabei zeigte sich, dass Akzeptanz stets eine Frage des Wissens ist, denn die meisten der befragten Mitarbeiter fühlten sich von ihrem Arbeitgeber in Sachen E-Learning zu schlecht informiert.[39]

Voraussetzungen bei den Trainern, Tutoren, Dozenten: Auch die Trainer und Dozenten müssen auf ihre neue Rolle vorbereitet und qualifiziert werden. Der Dozent muss mit der Technik der neuen Lernumgebungen umgehen können.

Technische Voraussetzungen und interne Technologiestruktur: Die interne Technologie-struktur muss den Lernenden den freien Umgang mit Lernsoftware, Internetseiten sowie einen freien Zugang zu Lernumgebungen erlauben, weshalb der Internet- und Intranetzugang gewährleistet werden muss und offene Datenschutzfragen geklärt sein müssen. Die gesamte Lernstruktur muss einen reibungslosen und freien Umgang mit dem Lernmaterial ermöglichen.[40]

Kulturelle Voraussetzungen: Es bedarf einer großen Offenheit im Unternehmen für die neuen Prozesse in der betrieblichen Weiterbildung. Daneben seien auch weitere kulturelle Voraussetzungen angesprochen, wie z.B. das Selbstverständnis der Mitarbeiter zur Eigeninitiative bei der Weiterbildung.[41]

Engagement der Unternehmensleitung: Für den Erfolg von E-Learning muss auch die Unternehmensleitung eingebunden werden und bereit sein, das Vorhaben zu unterstützen und Veränderung zu fordern. Nicht nur die Trainer und Kursleiter müssen sich auf neue virtuelle Lernformen einstimmen und vorbereiten. Auch die Unternehmen selbst und die Verantwortlichen für Weiterbildung sind gefordert.[42] Einer fehlenden Unterstützung durch die Führungsebene ist vorzubeugen, indem sie rechtzeitig von der Einführung des E-Learnings in Kenntnis gesetzt und einbezogen werden. Dadurch ist eine interne Akzeptanz erreichbar und eine Integration in den Arbeitsprozess möglich.

Diese Grundvoraussetzungen zeigen, dass es eine eher kulturelle als technische Frage ist, ob E-Learning die betriebliche Weiterbildung unterstützen kann. Es ist für das Unternehmen oftmals einfach, die technischen Rahmenbedingungen zu schaffen. E-Learning im Unternehmen umzusetzen heißt dann aber auch, die kulturelle Entwicklung des Unternehmens hin zu einer lernenden Organisation voranzutreiben.[43]

[39] Vgl.www.infofarm.de, S. 4
[40] Vgl. http://wiki.elmv.de
[41] Vgl. www.infofarm.de, S.12
[42] Vgl. www.tag-beim-bundestag.de
[43] Vgl. http://wiki.elmv.de

2.3 Vor- und Nachteile der E-Learning Weiterbildung

Abschließend soll eine erste Bewertung vorgenommen werden, anhand derer Stärken und Schwächen sowie grundlegende Entscheidungsgrundlagen im Hinblick auf den Einsatz von E-Learning Weiterbildungsmaßnahmen getroffen werden können. Die Stärken von E-Learning in der betrieblichen Weiterbildung lassen sich entsprechend der nachfolgenden Oberpunkte genauer betrachten.

Effizienz: Gerade im Rahmen der zeitlichen, räumlichen und personellen Betrachtung hat das E-Learning für die Weiterbildung bedeutende Vorteile, Mitarbeiter zeitnah sowie immer und überall besonders bedarfsgerecht weiterzubilden.

Kosteneinsparpotenzial: Diese Effizienz spiegelt sich nicht zuletzt durch das große Potenzial der Kostensenkung wieder. Die Fortbildungs- und Schulungskosten können erheblich gesenkt werden, da unter anderem die Kosten für Seminargebühren, Reisen und Unterbringung aber auch für Material und Lehrpersonal entfallen. Weiterer Nebeneffekt ist, dass die nicht wertschöpfende Arbeitszeit weiter minimiert wird.

Die Einsparungspotenziale sind unternehmensspezifisch den Kosten einer E-Learning Lösung gegenüberzustellen, denn in vereinzelnden Fällen ist der Aufwand für die Entwicklung, Pflege und Implementierung eines E-Learning-Systems bedeutend höher und daher nicht empfehlenswert.[44]

Interaktion: Durch die Möglichkeit der Anbindung aktiver Kommunikationsinstrumente (Chat, Foren) kann die Interaktion zwischen den Teilnehmern aber auch mit dem Lehrenden ermöglicht werden. Somit kann dieser Nachteil gegenüber Präsenzveranstaltungen minimiert werden.

Kontrolle: Auch die Kontrolle des Lernerfolgs kann objektiv gemessen werden und eine direkte und zeitgleiche Rückmeldung an die Teilnehmer erfolgen. Das Unternehmen kann die Ergebnisse intern verwenden und entsprechende Rückschlüsse und Verbesserungen direkt implementieren.[45]

Fehlerfreundlichkeit: Die virtuelle Teilnahme an Weiterbildungsmaßnahmen lässt aufgrund der Anonymität der Teilnehmer viele Fehler zu und wirkt daher nicht so einschüchternd wie es bspw. bei Präsenzveranstaltungen der Fall ist.[46] Die einzelnen Kursteilnehmer werden bei falschen Antworten vom System korrigiert, ohne dabei vor den anderen Mitstreitern bloßgestellt zu werden. Die Wahrung „des Gesichts" ist also sichergestellt.

Natürlich haben Weiterbildungsmaßnahmen mittels E-Learning auch Schwächen, wobei der mit Abstand größte Hemmschuh für einen schnellen Erfolg von E-Learning im Unternehmen die mangelnde Betreuung der Lernenden (50%) ist.

---

[44] Vgl. Rippien, Horst (2012), S. 72
[45] Vgl. www.fh-lu.de, S. 19
[46] Vgl. www.fh-lu.de, S. 19

Weitere Nachteile der E-Learning Variante in Weiterbildungsmaßnahmen seien im Folgenden kurz erläutert.

Situationsabhängigkeit: E-Learning eignet sich nicht für alle Unternehmen, Themen und Situationen genauso gut wie Präsenzlernen. Besonders das Training der kommunikativen und rhetorischen Fähigkeiten ist für E-Learning ungeeignet und sollte für einen erfolgreichen Abschluss weiterhin durch Präsenzlehrveranstaltungen gelehrt werden.[47]

Soziale Fähigkeit: Da der Kontakt mit Teilnehmern und Lehrenden lediglich virtuell erfolgt, sind persönliche Nachfragen und besonders auch informelle Gespräche zum Ausbau der Sozialkompetenz nicht oder nur sehr schwer umsetzbar.[48]

Qualitätsniveau: Im Rahmen vieler Untersuchungen und Studien ist oftmals eine mangelhafte Qualität von Online-Lehrveranstaltungen als eine große Schwäche des E-Learnings angegeben. Laut einer Studie des „Forrester Research Instituts" der Grund für das Abbrechen einer Online-Veranstaltung in 80% der Fälle in der schlechten Qualität der Kurse zu finden.[49]

Motivation + Selbstlernkompetenz: Zwei entscheidende Faktoren, die das Gelingen einer E-Learning Weiterbildungsmaßnahme bestimmen, liegen zum einen in der Eigenmotivation und zum anderen in der persönlichen Selbstlernkompetenz. Sollte die Fähigkeit der Auswahl, Bewertung und Organisation gewisser Aufgaben dem Teilnehmer nicht liegen, erreicht der Inhalt bzw. die Botschaft den Lernenden nicht und die gesamte Weiterbildungsmaßnahme hat keinen Mehrwert.

Individualität: Gerade die persönliche Anpassung der Lerninhalte kommt in den so genannten Online Kursen nur schwer zustande. Eine entsprechende Mustervorlage muss in der gleichen Art und Weise allen Teilnehmern vorgelegt werden. Persönliche Anpassungen können daher nicht jederzeit vorgenommen werden.[50]

3 Phasen zur Einführung einer E-Learning Weiterbildung

Zur Einführung und Implementierung einer E-Learning basierten Weiterbildungsmaßnahme sollte folgendes Herangehensweise betrachtet werden. Im Rahmen der Betrachtung über den Einsatz von E-Learning Methoden in der betrieblichen Weiterbildung kann ein grobes Schema skizziert werden, wonach der exemplarische Untersuchungs- und Entscheidungsweg zur Einführung von E-Learning verläuft.

Als erstes muss die Bereitschaft des Unternehmens existieren, E-Learning zur Weiterbildung zu nutzen. Nachdem sich das Unternehmen für diese neuen Medien nicht verschließt, muss

---

[47] Vgl. www.infofarm.de, S. 9
[48] Vgl. www.fh-lu.de, S. 19
[49] Vgl. Klimsa, Paul/Issing, Ludwig (2009), S. 423
[50] Vgl. Klimsa, Paul/Issing, Ludwig (2009), S. 423

in einem zweiten Schritt analysiert werden, ob ein Weiterbildungsbedarf bei den Mitarbeitern besteht. Sollte dieser Bedarf bestehen und der Einsatz von E-Learning angedacht werden, so sollte sich vorher auch Gedanken darüber gemacht werden, dass der mögliche Einsatz von E-Learning eine Veränderung der gesamten Unternehmensorganisation mit sich bringt.[51] Widerstände seitens der Mitarbeiter gegen diese Lernform müssen aktiv und frühzeitig angegangen und überwunden werden.

Im Folgenden ist es notwendig, für die Einführung von E-Learning ein klares Budget zu definieren sowie Aufgaben und Tätigkeitsbereiche klar zu verteilen.[52] Dabei sollte vor allem die Überprüfung der Wirtschaftlichkeit in Zusammenarbeit mit allen Abteilungen vor allem durch das Controlling erfolgen, da mit dieser Vorgehensweise auch alle etwaigen Risiken und Sekundärkosten zusammengetragen werden und betrachtet werden können. Auch die Zusammenarbeit mit der IT-Abteilung ist für die Abstimmung der benötigten Technik fundamental wichtig, bevor ein falsches oder nicht geeignetes Lernprogramm für die Berechnung angesetzt wird, in der praktischen Gestaltung aber wohlmöglich keinen weiteren Verwendungszweck erfährt. Zur Absicherung der rechtlichen Aspekte hingegen bedarf es in vielen Fällen der betrieblichen Praxis der Zustimmung der im Unternehmen relevanten Bereiche wie bspw. der Zustimmung des Betriebsrates.[53]

Diese grob skizzierten Phasen und Aspekte verdeutlichen die Notwendigkeit einer im Voraus klar geplanten Strategie. Nur so kann sich E-Learning langfristig als Weiterbildungsmaßnahme behaupten.

3.1 Technische Rahmenbedingungen und Anforderungen

Im Rahmen der technischen Rahmenbedingungen im Hinblick auf Weiterbildungen mit E-Learning müssen zum einen entsprechende Datenbanken und Plattformen aber auch entsprechende Nebenbedingungen erfüllt werden. Nebenbedingungen sind bspw. Kurse einzurichten und zu administrieren, dessen Aufgaben in den Bereich von Verwaltungskräften fallen[54]. Der technische Support würde, wenn notwendig, ein Hausdienst oder aber ein externer Dienstleister übernehmen. Die Entwicklung und Bereitstellung von Lerninhalten allerdings ist nicht eindeutig abgrenzbar und kann von Verlagen ebenso vorgenommen werden wie von Lehrern und Akademikern.[55]

---

[51] Vgl. Reimer, Maraike (2008), S. 42
[52] Vgl. Reimer, Maraike (2008), S. 42
[53] Vgl. Reimer, Maraike (2008), S. 42ff.
[54] Vgl. Rippien, Horst (2012), S. 104
[55] Vgl. Rippien, Horst (2012), S. 104

3.2   Anbieter von E-Learning Weiterbildung

Zum weiteren Verständnis des E-Learning Weiterbildungsmarktes für Unternehmen sei im nun Folgenden Ausarbeitungspunkt kurz auf die betrieblichen Nutzer eingegangen, bevor grundlegend das Themengebiet der Anbieter von elektronischen Weiterbildungsmaßnahmen für Unternehmen untersucht wird.

Nachfrager von Weiterbildungsmaßnahmen betrieblicher Natur sind vor allem Großunternehmen, wohingegen kleine und mittelständische Betriebe bis dato lediglich einzelfallspezifisch E-Learning Anwendungen in Betracht ziehen. Mögliche Gründe hierfür können der geringe strategische Stellenwert von Weiterbildungsmaßnahmen in KMUs sein, oder aber auch die fehlende Auseinandersetzung der Entscheidungsträger mit modernen Fortbildungsmaßnahmen. Gerade in kleinen Unternehmen besteht im Rahmen des Fortbildungssektors jedoch grundlegend die Sorge, die Mitarbeiter auf Kosten des Unternehmens zu schulen und bei potenziellen Mitarbeiterabgängen diese Kostenaufwendungen umsonst getätigt zu haben. Dies mag auch der Grund sein, weshalb aufgrund der geringen Gesamtzahl an Fortbildungen in kleinen Unternehmen die Selbstlernkompetenz der Mitarbeiter sehr gering ist. Gerade diese Selbstlernkompetenz ist aber eine wichtige Grundvoraussetzung für die Anwendung von E-Learning Maßnahmen.[56]

Im Bereich der Anbieter von E-Learning Weiterbildungsmaßnahmen kann man zunächst zwischen den reinen Anbietern von Lerninhalten, denn Anbietern der technischen Infrastruktur aber auch den Anbietern von Service- und Beratungsdienstleistungen unterscheiden.

Darüber hinaus gibt es auch noch Anbieter von Komplettlösungen, mehrheitlich beschäftigen sich die Anbieter jedoch nur mit einem der genannten Tätigkeitsfelder.[57]

Anbieter von Lerninhalten: Durch die Spezialisierung auf die reinen Lerninhalte (Content) können die an die Lerninhalte gestellten Qualitätsanforderungen oftmals eingehalten werden. Hierbei setzen etwa 60% der Unternehmen auf fertige Produkte, jedoch erfreuen sich maßgeschneiderte Lernprodukte immer größerer Beliebtheit (37%).[58] Die eigene interne Produktion von Lerninhalten können sich bis dato also nur Unternehmen leisten, die dafür die entsprechenden Ressourcen und das Know-how besitzen.

Technik-Anbieter: Die technische Infrastruktur hingegen ist bedeutend vielschichtiger. Anbieter dieses Bereichs beschäftigen sich neben dem Softwarebereich auch mit dem Hardwarebereich und den entsprechenden Komponenten. Technik-Anbieter haben diesbezüglich oftmals die Aufgabe, internetfähige Lernplattformen zu erstellen und diese an die im Unternehmen vorhandene Infrastruktur anzupassen.[59]

---

[56] Vgl. www.tag-beim-bundestag.de
[57] Vgl. www.tag-beim-bundestag.de
[58] Vgl. Klimsa, Paul/Issing, Ludwig (2009), S. 453
[59] Vgl. www.infofarm.de, S. 4ff.

Service- und Beratungsdienstleister: Service- und Beratungsdienstleister befassen sich vor allem mit der Betreuung vor, während und nach der eigentlichen Implementierung. Im Rahmen der Beratungsprozesse werden oftmals weitere Dienstleistungen (IT) vermittelt und ein Baustein für einen erfolgreichen Projektabschluss gelegt.

3.3 Kosten der Einführung von E-Learning Weiterbildung

Die Einführung von E-Learning steht in Abhängigkeit zu den Kosten. Deshalb sollte von vornherein, anhand einer Gegenüberstellung der Kosten und des Nutzen die Wirtschaftlichkeitsberechnung erfolgen. Dabei sind die zu betrachtenden Kosten abhängig von dem jeweiligen Anbieter und von dem Umfang der zu erwartenden Nutzung.[60] Daher sollte man sich bei Betrachtung der Kosten mehrere Angebote einholen um zum einen den Nutzen gegenüber der herkömmlichen Präsenzmethode zu erhalten und zum anderen auch die wirtschaftlichste Gesamtlösung zu bestimmen.

Eine quantitativ messbare Steigerung und der eigentliche Mehrwert einer potentiellen E-Learning Einführung für Weiterbildungen muss somit zwingend durch Kosten-Nutzen-Analysen erfolgen!

4 Praxisbeispiele

Die Anwendungsmöglichkeiten, Vorgehensweisen aber auch Potenziale und Möglichkeiten der Weiterbildung mit E-Learning wird anhand zweier vereinfachter Kurzbeispiele erklärt.

Beispiel 1: BOSCH GmbH

Das E-Learning zur Weiterbildung bei der Bosch GmbH verfolgt in diesem Praxisbeispiel zwei Ansätze. Zum einen nutzt das Unternehmen zur Weiterbildung bereits erstellte und auf dem Markt zugängliche CBTs und WBTs und zum anderen nutzt die Firma auch Eigenproduktionen zu verschiedenen Bosch-Produkten.

Dabei finden Selbstlernphasen und Präsenzphasen zum Erfahrungsaustausch in Wechselintervallen statt (Blended Learning). Im Rahmen des Blended Learning zeigt sich die große Akzeptanz der Lernenden, welche ja bisher bereits grundlegend an Präsenzlernkurse gewöhnt waren.[61]

---

[60] Vgl. www.static.dgfp.de, S. 65

[61] Vgl. www.infofarm.de

Beispiel 2: Gothaer Versicherungen

Im Rahmen der Einführung einer Weiterbildungsplattform „Bildungscockpit" bei dem Versicherungsunternehmen Gothaer ist eine übersichtliche Plattform entstanden, bei der es eigens um Weiterbildungen und Qualifizierungen geht.

Alle Mitarbeiter haben auf dieser im Intranet hinterlegten Bildungsplattform einen eigenen personalisierten Bereich, in dem man sich anmelden muss und sich aus diversen Themen ein Weiterbildungsangebot selbst erstellen kann. Vorteil hier ist, dass man sich in Bereichen weiterbilden kann in dem die Eigenmotivation dementsprechend hoch ist. Des Weiteren fördert ein Blog mit tagesaktuellen Praxistipps den Austausch der Schulungsverantwortlichen, was auch das Lernen der Trainer und Weiterbildungs-verantwortlichen voneinander und untereinander weiter fördert.[62]

Dies stellt ein weiteres Positivbeispiel dar, wo E-Learning in der betrieblichen Weiterbildungspraxis erfolgreich angewendet wird.

5   Zusammenfassung und Ausblick

Zusammenfassend kann gesagt werden, dass der Bereich des E-Learnings für Unternehmen zur betrieblichen Weiterbildung ein durchaus attraktives und nutzenstiftendes Mittel ist. E-Learning findet bei den Lernenden als zusätzliche Lernform oftmals starke Zustimmung. Die Akzeptanz hängt jedoch stark von der „Intranet-/Internet-Fähigkeit" der Mitarbeiter ab und wird zusätzlich auch vom jeweiligen Lerntyp beeinflusst. Gerade für Unternehmen und Mitarbeiter, die noch wenig Erfahrung mit E-Learning haben, ist daher eine Begleitung des gesamten Lernprozesses zwingend erforderlich. Grundlage hierfür ist jedoch, dass eine aktive Lernkultur in den Unternehmen vorhanden ist oder gebildet wird.

Weiterführend bilden Kriterien wie die einfache Bedienbarkeit der Systeme, gute pädagogische Konzepte, gute persönliche Betreuung, die Mischung von E-Learning mit Präsenzveranstaltungen sowie zuverlässige Systeme wichtige Voraussetzungen für eine erfolgreiche Weiterbildung mit Hilfe des E-Learnings.

Eine Besonderheit werden auch in Zukunft vor allem kleine und mittlere Unternehmen darstellen, denn aufgrund der oftmals höheren Amortisationskosten sind lohnenswerte E-Learning-Lösungen für diese Unternehmen noch nicht absehbar.

Trotzdem werden E-Learning-Lösungen, vor allem in Form von virtuellen Lerngemeinschaften mit der Möglichkeit zum Wissensaustausch, zur Problembearbeitung

---

[62] Vgl. www.zeit.de

und zur Wissensschaffung zunehmend immer stärker den Weiterbildungsmarkt für Unternehmen bestimmen.

Diese Möglichkeiten der elektronischen Weiterbildung sollten daher als eine Bereicherung und Mehrwert sowohl für ein Unternehmen als auch für einen jeden Mitarbeiter angesehen werden.

Literatur- und Quellenverzeichnis

Bücher:

Dowling, Michael (2003): eLearning in Unternehmen. Neue Wege für Training und Weiterbildung. 1. Auflage. Heidelberg: Springer Verlag.

Wirth, Markus (2005): Qualität in eLearning. Band 29. Paderborn: Eusl-Vertragsgesellschaft mbH.

Pawlowsky/Bäumer (1996): Betriebliche Weiterbildung. 1. Auflage. München: Beck Verlag.

Kaltenbaek, Jesko (2003): E-Learning und Blended-Learning in der betrieblichen Weiterbildung. 1. Auflage. Berlin: Weißensee Verlag.

Becker, Manfred (2002): Personalentwicklung. 3. Auflage. Stuttgart: Schäffer-Poeschel Verlag.

Klimsa, Paul/Issing, Ludwig (2009): Online-Lernen. 1. Auflage. München: Oldenbourg Verlag.

Reimer, Maraike (2008): Einsatz von E-Learning in Unternehmen. Saarbrücken: VDM Verlag.

Lang, Martin/Pätzold, Günter (2002): Innerbetriebliche Weiterbildung mit einer intranetbasierten Lernumgebung. 1. Auflage. Bonn: BWP Verlag.

Seufert, Sabine/Mayr, Peter (2002): Fachlexikon Elearning. 1. Auflage. Bonn: Verlag Manager Seminare.

Rippien, Horst (2012): Bildungsdienstleistung eLearning. 1. Auflage. Wiesbaden: VS Research Verlag.

Dittler, Ulrich (2002): ELearning. 1. Auflage. München: Oldenbourg Verlag.

Born, Julia (2012): Das eLearning Praxisbuch. 3. Auflage. Baltmannsweiler: Schneider Verlag.

Internet:

http://www.computerwoche.de/a/e-learning-steigert-den-unternehmenswert,1056194
[Stand: 14.07.2013]

http://www.tab-beim-bundestag.de/de/publikationen/berichte/ab105.html
[Stand 20.07.2013]

www.fh-lu.de/beissner/elearning/Vortrag_BLD-Volkmer.ppt
[Stand: 20.07.2013]

http://www.zeit.de/karriere/beruf/2010-09/weiterbildung-internet
[Stand: 20.07.2013]

http://www.org-portal.org/fileadmin/media/legacy/E-Learning_in_der_betrieblichen_Weiterbildung.pdf
[Stand: 23.07.2013]

http://www.handelsblatt.com/unternehmen/mittelstand/e-learning-weiterbildung-la-guenther-jauch-seite-all/3349124-all.html
[Stand: 24.07.2013]

http://www.nordmedia.de/scripts/getdata.php?DOWNLOAD=YES&id=20726
[Stand: 24.07.2013]

http://techondec.files.wordpress.com/2010/04/gartner-hype-cycle.jpg
[Stand: 24.07.2013]

http://wiki.elmv.de/index.php/Einf%C3%BChrung_von_E-Learning_in_Unternehmen
[Stand: 24.07.2013]

http://www.infofarm.de/datenbank/medien/314/eLearning_leitfaden.pdf
[Stand: 24.07.2013]

http://www.static.dgfp.de/assets/publikationen/2004/01/e-learning.../elearning.pdf
[Stand: 26.07.2013]